구름은 화가

이종자 시집

계간문예

구름은 화가

시인의 말

삶의 순간순간
깊은 내면의 소리 들으며
언어와 언어 조화가
얼마나 힘든 것인 줄 알게 되었고
낯 붉어짐과 설렘을 느꼈습니다.

서툴고 완성되지 않은 글이지만
그래도 멈출 수 없어 손끝으로 써 본
첫 시집을 묶습니다.

늘 힘과 용기로 응원해 주신 분들께
감사드립니다.

■ **차례**

시인의 말 5

제1부

구름은 화가 13
내 안에 머문 바람 14
옥잠화 15
이방인 16
86km 18
노란 국화 19
노을 20
세월을 먹고 산다는 것은 21
냇가에서 22
낙엽길 23
매미와의 동거 24
바다 25
남은 생을 위해 26
바람이 전하는 말 27

제2부

갈대 31
어느 순간 32
골목길 34
법천사지 36
커피 한 잔 38
서낭당 39
달빛 40
노란 꽃비 41
늦가을에 피는 꽃 42
벌써 마실 나왔네 43
하루의 일상 44
타인 45
가을의 소리 46
세월 속의 삶 47
5월이 오면 48

제3부

콩새 51
주간 보호소 52
국화차 53
손님 54
계절 55
배신자 56
비우려는 마음 57
국화꽃 한 다발 택배로 보내며 58
감나무에 걸린 얼굴 60
발자국 61
삼월의 서정 62
돌아온 가족 63
두려움 64

제4부

바람의 향기　67
비 그친 뜰　68
아버지　70
쑥떡 이야기　71
시를 쓰면서　72
어머니의 손끝　74
봄　76
추억의 그림자　77
꽃비 내리는 날　78
해돋이　79
가족　80
갈대와 억새　81
가을향기 솔바람 타고　82

제5부

2022년 가을　87
지리산 천은사에서　88
당신과 함께한다면　90
아침 창가에 찬 바람 불면　92
가을 캠퍼스　93
가을바람 내 영혼 흔들고　94
내 안의 추억　95
비우는 것도 연습이 필요해　96
그리움 그림자 되어　97
나의 빈 뜨락　98
자유인이고 싶어　99
혼자일 때가 좋다　100
휴대폰　102
3월　103
물멍　104

해설 노년의 깊은 시적 사유와 성찰　105
― 허형만(시인, 목포대 명예교수)

제1부

구름은 화가

무심히 쳐다본 하늘
바람이 비를 몰아낸 자리엔
많은 사연 하얗게 피어오른다

가끔 어둡고 슬픈 마음도,
물고기 토끼 들꽃 산과 바다도
구름은 사계절 쉬지 않고 그린다

비록 향기는 없을지라도
바람의 이야기를 놓치지 않고
무한 화폭에 그렸다 지우기를 반복한다

지난 내 삶의 무게가 어쩌면
텅 빈 하늘에 그려진
저 구름을 닮아 있는 것은 아닐지

오늘도 빈 마음 채우는
구름은 나의 꽃
나도 구름의 꽃이 될 수 있을까

내 안에 머문 바람

비가 내려 땅이 젖듯
별이 진 자리 어둠이 스며들면
먼 뒤안길에 숨겨놓은 그리움 하나

나뭇잎 끝에 매달린 물방울
무게 이기지 못해 한쪽으로 기울 때
순간 바람이 내 마음 흔들어 댄다

조용히 눈 감으면 눈가에
송골송골 맺힌 눈물 빗물에 떨어져
시든 그리움으로 둥둥 떠 간다

옥잠화

풀잎 끝에 맺힌
이슬 털고 꽃 틔우는
소리 들으려 귀를 세운다

차 한 잔 들고 앉아
오늘 나의 하루
너를 위해 잠시 접고

무성한 잎 속에 감춘
봉오리 틔우는 기승전결
그 모습 꼭 보고 싶어

시리도록 눈을 맞추고
꽃 필 때까지 쪼그리고 앉아
내 인내를 시험해 본다

이방인

초승달 뜨고 별이 들어앉는 시간
초인종 소리에 놀라 나가보니
앞집에 이사 온 우즈베키스탄 새댁
더듬거리며 하는 말
'할머니 집 햇빛 많아
우리 집 햇빛 없어 빨래 안 말라
내일 빨래 널어도 돼요'
그 말이 첫인사였다

이색적인 환영 인사 후
비록 적은 공간이지만
정원 햇살 한 줌 내준 뒤로
이방인 발걸음 잦아졌다
우리 집 작은 대문 닫혀 있었다면
이런 인연 맺을 수 있었을까

가끔 아이와 함께 퇴근하는 날이면
뽀송한 마음 접어 바구니에
챙기며 건네는 과자 한 봉

노년에 찾아온 싱그러움이다
오늘도 우리 집 마당엔 아기 옷
선물같이 들어와 너울너울 춤춘다

86km

새로운 한 해를 맞으며
순간 속도를 높인다
절대 과속하면 안 되는 구간
과속의 순간은 늘
두려움과 공허로 인해
극심한 공황 상태가 된다

이것저것 다 놓치고
마음속에 그려 놓은 건 욕심뿐
세월의 무상함을 탓하며
혼돈의 시간과 싸울 때
슬그머니 내 손잡아준 시 창작

그래도 그를 만나 서툰 마음
표현해 가며 노년의 삶
새롭게 설계도를 변경한다
아직 늦지 않았다면 86km,
속도를 좀 더 높여도 되지 않을까

노란 국화

가을꽃의
전령사
노란 국화

그윽한 향기
온 들녘에
퍼져나갈 때

가을바람
그대 오는 길목에서
풀벌레 되어 기다린다

노란 꽃길
서로 속삭이는 소리
나도 한 번쯤
꽃을 닮아 보았으면

노을

하늘과 산이 맞닿은
서쪽 저편에
노을이 빨갛게 불 지피며

마음의 여백 구름 속 거닐 듯
흔들리는 숨결
영혼의 소리로 숨어버리고

시간은 무겁게 내려앉아
밤을 불러내고
얼키설키 보낸 하루의 기억들 뒤돌아보니

하나둘씩 떨어지는 별똥별
지난날 그리움의 눈물
어쩌면 저 모습이 내 모습인가 보다

세월을 먹고 산다는 것은

키는 점점 줄어들고
나이는 자꾸 자라 구십으로 가는데
가벼워진 몸무게만큼
발걸음 빨라져야 하는데
다리 무게는 천근만근

숨이 차도록 달려온 시간
세월은 내게 쉬어가라는 말 없고
긴 밤 힘없이 풀리는 눈꺼풀
뒤척이다 돌아보는 나의 뒤안길에
목젖 깊은 곳에서 울컥해 오는 서러움

때로는 느려지는 맥박 속에서
보물인 양 쌓아 올린 나이
누가 허물 수 있으랴마는
잊음이라는 묘한 지우개가 있어
지난 그리움 눈물로 잠재운다

냇가에서

하늘은 구름 꽃 수 놓고
들판은 색색이 예쁜 꽃들
냇가엔 뽀얀 봄 살포시 내려앉고

물먹은 노란 개나리
초록 바람에 떨어지며
허공을 달린다

퐁당퐁당 떨어지는
꽃잎 웃음소리 놀란
까만 다슬기 물속으로 엉금엉금

산새도 목축이며 날갯짓
돌보는 이 없는 들꽃
연년이 봄을 피워 내는데

우리 삶도
땅속에 잠깐 쉬었다 큰
기지개 켜고 일어났으면

낙엽길

사그락거리는 낙엽
발로 툭툭 차며
걷는 길

해가 숨어버린
희미한 노을
하늘이 운다

바람이 부딪는 소리
눈비가 오려나
구름이 흔들어 댄다

가을걷이 끝자락
시어 한 움큼 품고 걷는 길
마음은 벌써 하얀 겨울 소리 듣는다

매미와의 동거

나는 매미가
한여름 나무 위나
풀숲에서만 우는 줄 알았다

어느 날
길 잃은 매미가
귓속으로 들어와
매암매암 맴맴 맴 울고 있다

때로는
바람도 친구인 양 몰고 다니며
귓속에서 윙윙 소리 낸다

이제 나이 들어 세월의 무상함에
힘없이 무너지는 나는
오늘 그 소리가 힘들어
애써 밀어내는 중이다

바다

고성 앞바다 작은 돌섬
멀리 갈매기 똥 하얀 꽃밭
높은 파도에 잠겼다가
다시 고개 내밀기도 한다

모래밭엔 갈매기 발자국
밤바람이 지워버린 꽃밭
방파제 깜박이는 등대는
내 마음 환하게 비춰준다

모래밭에 그리움 새기며
한 발 한 발, 하얀 거품
몰고 오는 파도 노을과 섞여
바다가 몸살을 앓는다

남은 생을 위해

바람 소리 등 시린 밤
잠은 오지 않고
하루를 정리하는 것마저
연습이 필요한 시간
마지막 달력 한 장
다시는 후회하는 삶 살지 말자
되뇌며 헛웃음 날려본다

살아가는 모습 서로 달라도
사는 건 다 비슷비슷
버릴 땐 버릴 줄 알고
내려놓을 땐 내려놓을 줄
알면 되는 것을

평범한 일상 옳고 그름을 따져
무얼 얻을까
둥글게 떠 있는 그리운 얼굴들
새해에는 환한 미소로
그들과 더불어 맞이했으면

바람이 전하는 말

가을 햇살
살며시 거실 창가에
머물고

앞마당에 널려 있는
빨간 고추
뜨거운 햇살에
투명한 속살 드러내고

목 긴 코스모스
하늘거리며
바람에 안부 전하고

가을비에 촉촉해진
내 마음 아직 청춘인데
몸은 말을 듣지 않고

바람에 떨어진
은행알 또르르 구르며
남은 시간 웃고 살라 하네

제2부

갈대

해질녘
멀리 지평선 갈대밭
휘날리는 붉은 머리카락
여인의 모습 같다

큰 키 땅속 깊이 묻힌 발
너만 보면
답답하고 슬프다

오늘도 바람에 떨며
흔들리는 너의 삶이
나와 닮아 있는 것 같다

하늘거리는 몸짓에
설레는 것은
그동안 잊고 살았던
그리움의 세포가 살아난 것이다

어느 순간

새롭게 시작된 한 해
늘 발 딛는 순간순간이
두려움 반 아쉬움 반
공허함 가득 찼던 계절들
많은 것을 놓쳤다
마음속에 남겨진 것은
오직 욕심뿐

노년의 아름다운 삶을 위해
여기저기 기웃거리며
방황하고 있을 때
내게 손님같이 찾아온
시 창작이 여러 잡생각을
떨쳐 버리게 했다

늦었지만 돌아보니
이제 시작이라는 걸 알았다
방황한 세월보다
길지는 않겠지만 그래도

나를 정리해 주는 뭔가
찾았다는 안도감에
오늘도 백지 위에
마음을 그린다

골목길

향수에 젖게 하는
좁은 골목
한 사람 겨우 오갈 수 있는
을씨년스런 미로

골목길 걷다 보면
아직도 자락 저쪽 외롭게
매달린 붉은 가로등과
집창촌 몇 채

사연 많은 골목
오랜 애환 품고 정 나누며 산다
집과 집 사이 공유하며
좁은 마당은 소통의 거실

지금은 도시재생 지역으로
지정되어 담장마다
숲과 나무 예쁜 꽃들이 자라고

오늘 밤도 벽화 속에서
해와 달이 뜨고 별이 빛난다

법천사지

눈 부신 태양 머리에 이고
설레는 마음으로 유적지 찾아
떠나는 봄 기행

아픈 상처 잊은 채
땅과 하늘 붙잡은 느티나무
사찰은 흔적 없고
폐사지만 우리를 반긴다

우리를 안타깝게 하는
울림 있는 해설 들으며
거북 받침돌과 머릿돌
돌비에 살포시 인사 건넨다

모처럼 도시를 벗어나
색다른 앎의 양식 가득 안고
돌아오는 길
하얀 망초꽃
흐드러지게 핀 법천사지 빈터가

그리움으로 남아
오래도록 내 안에 머물 것 같다

커피 한 잔

아침을 여는 커피 한 잔
행복 담아 두고 싶은 하루

당신의 찻잔 속에
그리움 가득 담아 오래도록
기억되는 엄마의 모습이었으면

창밖 감나무엔 새들 찾아와
아침 인사 나누고
이런 것이 행복

욕심 없이 가장 낮은 곳에
마음 둘 때 곁에 머물러주는
어쩌면 훗날 뒤돌아봤을 때
이 소소한 것이
최고의 행복이었다 하리

서낭당

훼손되지 않은 울창한 숲
뻐꾸기 울음소리 들으며
뱀딸기 한입 문다

마을 주민들 일 년에
사월 구월제 지낼 때
버스 길 개방
그 애향심 본받고 싶다

나무 사이 햇살
보석처럼 빛나고
서낭당 앞 노끈 줄 사이사이
정성스러운 소망 쪽지
열매처럼 주렁주렁 매달고
오솔길은 한 폭의 그림 같다

풀꽃들과 새들의 이야기 들으며
한참을 서성이다
무심코 쳐다본 하늘
왜 어머니 얼굴 겹쳐 보일까

달빛

지친 하루 마무리하고
돌아오는 어깨 위로
고마운 달빛 길 비춰준다

창문으로 들어오는 달빛의 고요가
하루를 무탈하게 보낸 내게
행복 안겨준다

새들은 고요에 취해 잠들고
흔들리는 나뭇가지 사이로 빛은
마법처럼 찾아와
낭만이 있는 섬으로 이끈다

그믐달, 초승달, 반달, 보름달처럼
채우고 비우기를 반복하는
그 밤이 또 온다

노란 꽃비

호수가 은행나무
황금 터널 이루고
바닥엔 잎으로 엮은
노란 양탄자
버걱버걱 밟히는 촉감
고단한 하루 잊게 한다

아이들 손잡고 나들이 나온
가족들 노란 마음
카메라에 담으며
정겨운 웃음 끊이지 않는다

가던 길 잠시 멈추고
호수에 담긴 파란 하늘 보니
구름이 그리는 그림 속
노란 나비 꽃비 되어 날고 있다

늦가을에 피는 꽃

늦가을 나무 끝에
알몸으로 매달린 꽃
색색이 묶여 연리지 되었다

가을 향기 마음껏 뿜는
국화 옆에서 조용히 눈감고
고개 숙여 향에 취해 본다

어스름 달빛 구름 속에 갇히면
밤새 서리 내려 얼까 싶어
비닐로 덮어준다

넋 놓고 보는 꽃들
낙엽은 곡선 그리며
모였다 흩어지기를 반복하고
마당은 마치 그림 전시장 같다

벌써 마실 나왔네

봄 햇살에
얼어붙은 냇가
기지개 켜는 소리

겨우내 돌무더기 집에 살다
마실 나온 송사리 떼
버들강아지 손짓하니
입맞춤 인사

물살 휘휘 저으니
그 손 반가워
꼬리치며 반겨주네

겨우내 잊고 있었던
새싹 파릇하게 눈뜨고
성큼 다가온 봄이
어느새 내 곁에 앉아 있네

하루의 일상

덜컹거리는 창틀 사이로
바람이 노크하고
언제나처럼 차가운 밤공기가
나를 뒤척이게 한다

하루의 일상 마무리하고
졸리는 눈 감으며
돌아오지 않는 그리움
긴 밤 홀로 지새운다

아침햇살 밝게 웃으며
창문 틈으로 들어오고
오늘보다 더 좋은 내일 위해
이제는 스스로 도닥이며
나를 아끼며 살고 싶다

타인

불안하고 아픈 마음 가까이 두고
코 막고 입 막으며 눈만 내놓고
표정 없이 사는 우리

네 명에서 여섯 명만 만날 수 있고
네 발자국 양팔 벌린 만큼
떨어져야 하고 부모 형제 친구와 나
아주 먼 사이 되어버린 팬데믹의 타인들

기뻐도 손 못 잡고 서로 안아볼 수 없는
오늘 반가웠던 얼굴 내일이면 모르는 사이
그 세월 벌써 몇 년인가

숨이 멎을 듯한 무더위 살을 에는 추위
코와 입 막은 마스크 아직 벗지 못하고
언제까지 타인으로 살아야 하는가

가을의 소리

높은 하늘 조각구름
철썩이는 파도 소리
소금기 머금은 바람 소리

영 넘어 소낙비 오는 소리
냇가에 나뭇잎 떨어지는 소리
길가 노란 은행 구르는 소리

감나무에 걸터앉아
홍시 파먹는 새소리
푸른 잎 오방색 요술 부리는 소리

귀뚜라미와 온갖 풀벌레들의
아름다운 하모니가
깊은 밤 가을 소리로 가득하다

세월 속의 삶

바람이 삼삼히 부는 밤
이유 없이 토라진 내 모습
나무와 나무 사이 걸려 있는
달빛 내 손 잡아준다

꽃향기 누가 보냈는지
목 깊이 울컥거리는 그리움
눈시울 젖는다

점점 흐려지는 세월 속
시들해진 얼굴 먼 길 돌아
편안한 삶 느낄 때
어느새 백발은 내 곁에 와
오늘도 기웃거린다

그래도 타인 같은 그대
내 곁에 있어
짙붉은 할미꽃 꽃씨 맺고
세월처럼 익어버린 흔적 위로하며
미소로 행복 가득 담으리

5월이 오면

해마다 5월이 오면
노을 속 어머니
내 이름 부른다

굽은 몸 지팡이 짚고
잘박잘박 +걸어오는
발자국 소리

옛날 그 시간에 머문
정겨운 그 살냄새
지금도 식지 않은 체온
가슴에 꽃처럼 피어난다

아직도 할 말 많은데
오시는 길 잃어버린 것일까
보고 싶고 또 한없이
부르고 싶은 그 이름
어머니

제3부

콩새

유난히 맑고 파란 하늘
종일토록 그물망 속
체리 따 먹으러 들락거리는 콩새
인기척에 놀라 잠시
소나무 잔가지에 머문다

해마다 이맘때면
콩새와 체리로 신경전 벌이지만
올해도 결국 체리 한 알
먹지 못하고 콩새에게
고스란히 내주고 만다

그게 뭐 별거라고
밤새 뒤척이며 나를 볶아 댔는지
별빛이 내려앉는 밤
먹는 데도 미학이 있다는 걸
콩새 너를 통해 이제 깨닫는다

주간 보호소

삶의 끝자락에 놓인 그들
어린애처럼 눈망울만 굴리는 모습
아려오는 마음 울컥 미어진다

'어머니의 강, 그 눈물'
시 낭송이 시작되자 할아버지
눈 속에서 이슬이 피어난다

지난날 부모님에 대한 회한의
눈물인가 아니면 불효의 반성인가
아니면 굴곡진 삶의 서러움일까

생각은 잠들고
흐르는 눈물마저 메말라 있는 그들
살아 있어 어쩔 수 없이
의지하며 지탱하는 그들을 보며
내 현주소는 어디쯤 와 있는지
자신을 돌아본 하루 마음이 무겁다

국화차

입안 가득 가을 향이 감돌고
마음 가득 진하게 묻어나는
매혹적인 향에 취한다

삶의 여유 만끽하며
이제야 소녀처럼
생기 넘치는 시간 갖는다

칠월 무더위에 가을 향
음미하니 울컥
꽃내음에 *올랑올랑해 온다

*올랑올랑: 놀라거나 두려워서 가슴이 자꾸 두근거리는 모양을 나타내는 말

손님

어젯밤 나의 작은 정원에
비, 바람, 천둥이 찾아왔습니다
앞마당 소나무가 흔들흔들 그네를 탑니다
하늘도 까맣게 문을 닫고
별도 숨어 버렸습니다
뇌성과 떨어지는 빗방울을 보며
내 마음 어디 둘지 몰라 망설였습니다
한바탕 큰 손님을 치르고 난
나의 작은 정원에는 빛과 산들바람
새들이 머물다 갔습니다
그 세찬 바람에도 아름다움 잃지 않는
꽃을 보며 우리 인생처럼 인고의 순간이
있다는 것을 비로소 알았습니다

계절

봄의 들길 걷노라면
발길 닿는 곳마다 아름답다
길가에 흐드러지게 핀
작고 가여운 들꽃
애절하게 내 눈길 기다리나 보다

봄의 얼굴 마다하고
여름 얼굴 초대하니
멀리서 갈대가 손짓하는 모습
벌써 가을 오는 소리에 난
겨울을 준비하는데 새삼
빠르게 오는 계절 원망스럽다

배신자

법웅사 뒤뜰 망초꽃
가득하고
포토존 없어도 아름답다

꽃 만발할 때
달디단 꿀 먹으러 다가와
살갑게 굴더니

꽃 떨어지고 나니
훌쩍 날아가 버리는
무정한 벌 나비 얄미운 배신자

비우려는 마음

짧고 짧은 날숨 스친 자리
여든 중반 인생에 욕심 한 보따리
아쉬움에 그저 눈물만

세월 속 흔적 주름진 얼굴
좋은 약 화장품 먹고 발라도
몸은 시간의 흐름 안다

아직도 열 가지 다 갖고 싶은 마음
하나만으로 아홉은 놓아야 할 나이

국화꽃 한 다발 택배로 보내며

세월의 뒤안길
어스름 노을 가에
어머니의 고왔던 얼굴
곰삭은 그리움으로 다가온다

어젯밤 내린 눈으로
마당 안 소나무 잔가지
바람에 흔들리는 모습 아름답다
오랜 시간 터널 뚫고 나와
이제 겨우 여유로운 생의 끝자락에서
험난했던 지난날 뒤로한다

그리움 쌓여 하얀 구름으로 부풀고
색바랜 추억들은 마음에 머물고
어머니의 향기는 내 젊은 날의
흔적으로 다가와 가슴속에
아련한 상처로 남는다

오늘 당신의 둥근 봉분 위에

하얀 국화 한 다발 택배로 보냅니다
생전에 더 많이 사랑하지 못한 후회
꽃으로 대신 할 수 없지만, 어머니
사랑합니다
고맙습니다
보고 싶습니다

감나무에 걸린 얼굴

허공에 흔들리는
감나무 잎 사이로
보름달 걸려 있고 그 속에
고향 친구 얼굴 보인다

땅따먹기 고무줄놀이
티격태격 울고 웃던 그 친구들
지금쯤 어떻게 변했을지
나처럼 속울음 삼키고 있을까

보고 싶은 마음 비우며
세상 모든 것에 감사하고
얼마 남지 않은 아름다운 그 길
준비하며 잘 살아가고 있겠지
나처럼

발자국

하얗게 쌓인 눈 위에
누군가 먼저 발자국 남기고

그 위를 걷는 내 뒤에
누군가 따라오는 소리
돌아보니 솜털 같은 눈맞으며
따라오는 예쁜 강아지
누굴 마중 나왔을까

길가에 핀 이름 모를 꽃도
사연이 있듯 남기는 발자국마다
서로 다른 마음으로 찍힌다
백 세 시대에 사는 나
어떤 발자취를 남겨야 할까
새삼 자식들 얼굴 스친다

삼월의 서정

녹색 물결 일렁이는 봄
묵은 짐 다 내려놓고
싱그럽게 품어내는 향기
새로운 시작을 알린다

나뭇잎 사이사이로
햇살이 반짝이고
지난날 빨강 노랑 파랑 속에
감추었던 지친 팬데믹 부분 해제

양손 번쩍 들어 탈탈 털어내니
환희의 춤이라도 추고 싶다
이 봄 텅 빈 마음속 희망으로
터벅터벅 걸어오는 소리
어느새 성큼 봄이 와 있다

돌아온 가족

꽁꽁 얼었던 삶을 녹이며
바람이 몰고 온 향기에
노란 웃음 머금은 개나리
환하게 인사한다

창문 두드리는 빗방울
냇가에 피어난 버들강아지
바람은 윙윙 연주하고
냉이 쑥마저 손짓하며
봄 내음이 코를 간질인다

더듬거리며 사는 삶이
돌 틈 사이 패랭이처럼
꼬물꼬물 봄꽃으로 채워져
내게로 다가온 또 다른
이름 우리 가족

생기로운 꽃망울 속에
묻힌 기억들
울컥 눈언저리 뜨겁다

두려움

살다 보면
맑은 날 흐린 날이 있듯
영원한 젊음은 없다

초라해져 가는 마음 받아들이고
오는 백발 훈장 삼아
남은 세월 여유롭게 보내자며

다짐하고 또 다짐하지만
환해질수록 짙게
깔리는 두려움 버겁다

구름 속에서도 태양은 뜨지만
모든 것 다 잃어버린
껍데기 같은 그림자 속에서
천천히 고립되어 간다

지금은 누군가의 따뜻한
위로의 말이 절실히 필요한 나이

제4부

바람의 향기

바람은 언제나
예고 없이
나뭇잎 흔들거나
들풀 사르르 스친다

꽃샘바람
을씨년스럽게
마주할 때면
예쁜 꽃망울
몸살 앓는다

저 멀리 하늘 끝
먹구름 몰고 오는 비바람
하늘은 눈물 쏟아낸다

바람의 향기로
아름다운 노을 속
밀어 같은 향기 속살거린다

비 그친 뜰

우단 동자꽃 예쁘게 피었다
하늘엔 하얀 뭉게구름
솜사탕처럼 달콤하다

아침햇살에 이슬 머금고
짙은 자주색 백합 열 송이
말 걸어 온다

꽃들도 시샘하는지
분홍 달맞이꽃 오늘 밤
달님 마중 나갈 준비한다

꽃들도 서로 말을 주고받으며
다투기도 하고
울고 웃기도 하지만
예쁜 모습 눈에 담아본다

이제 나도 나비 되어 춤추고
새들처럼 날아다니며

바람결에 내 마음 맡겨
7월의 무더위 잊고
자유롭게 살고 싶다

아버지

부모와 자식은 천륜이라 했던가
핏줄을 향한 사랑으로
길러 주셨던 아버지

세월 지나고 보니 그때 아버지는
아침에 나가시면
해 질 녘 돌아오시는 나그네였다

늘 표현이 서툴러
힘들어도 힘들다 말 못 하고
묵묵히 가족을 위해 사셨던
우리 아버지

인사 잘하고 이웃을 베푸는
사람 되라고 노래처럼 하신 말씀
지금은 내가 아들에게 하고 있다

한평생 외로웠던 아버지 마음
헤아리지 못한 미안함에
울컥 명치끝에 돌 하나 얹는다

쑥떡 이야기

푸른 들판에 따뜻한 마음
가득 펼쳐져 발길마다 쑥 향
묻어난다 수묵화로 다가오는
임교순 선생님과 오귀화 시인님

시 창작 강의실
서툰 솜씨의 우리 일찍 와
기다리고 열정적인 목소리
엷은 미소 띤 선생님

따뜻한 우엉차 한 잔
향 진한 쑥떡 꿀꺽꿀꺽
맛있게 먹는 소리
쑥떡 이야기로 꽃피운다

연년이 몇 번씩 베풀어 주시는
두 분의 뒷모습에
은빛 햇살 조용히 내린다
감사하고 사랑합니다

시를 쓰면서

더듬더듬 내 안에 푸념 쏟아내며
시를 쓰고 싶다
내면의 감성을 마음에 담아
수 없이 써 보려 하지만
항상 제자리

누구나 살아간다는 것이
한 권의 소설이며
한 편의 시라는
의미를 조금은 알 것 같다

시를 쓴다는 것은 어려운 일이다
늘 새로운 언어를 표현하고
내 안에 갇혀있는 감성을
이야기하듯 꺼내어 쓰다 보면

어느 날
내 안에 더 많은 세월이 쌓여 갈 때쯤
한 편의 좋은 시를 쓸 수 있겠지

내면의 시상에 빠져 오늘도
나만의 시를 써 본다

어머니의 손끝

연민과 구차함이 뒤섞인 5월
어머니 생각에 목젖의 뜨거움 느끼며
당신의 딸은 고마우신 어머님 영혼을
나의 작은 여름 정원으로 초대합니다

여름이면 봉선화 꽃잎 따다 백반 섞어
손톱 위에 곱게 얹어 묶어 주시고
겨울밤이면 메밀묵 쑤어 밤참 만들고
잰걸음으로 앞마당 서성이며
잔기침하시던 어머니

구십 평생 그 육신 한 줌 재로
승화시켰던 아련한 한숨이 묻어나는
내 인생의 스승이며 수호자이셨던 어머니
오늘 나는 성모님께 당신의 딸
잘 있다고 소식 전해 달라 기도합니다

괴롭도록 콜록대던 어머니
그 기침 소리마저도 지금은 그립습니다

어머니, 보고 싶고 그립습니다
그리고 사랑합니다

봄

따스한 봄바람
겹겹이 쌓인 그리움
파란 잎새의 속삭임이
내 마음 예쁜 꽃물로 물들인다

파란 하늘 햇살 받으며
오롯이 나를 위해
보낸 하루가 지난날 숨겨둔
그리움으로 오히려
갈증으로 목이 탄다

쓸쓸한 달빛
봄꽃 머문 자리에 내려앉고
나는 한 마리 나비 되어
자유롭게 날아다니는
춤꾼이 되고 싶다

추억의 그림자

흐르는 세월 속에
묻어 두었던
그림자 하나 꺼내 본다

스토커처럼 달라붙어
떠나지 않던 그 향기가
뒷걸음친다

돌아보면 추억들이
자연스럽게 바람에 밀려
들어왔다 나간다

우울한 마음 걷어내고
아름다운 추억 곱게 접어
그리움으로 남긴다

꽃비 내리는 날

풀잎 끝에 맺힌 물방울
한 알의 진주처럼 반짝이며
위태롭게 매달려 있다
만개한 꽃들은 빗방울에
힘을 잃고 떨어지는데
그 속에서도 꿋꿋하게
피어나는 봄꽃들

가야 할 때를 안다는 듯
빗물 따라 흘러가는 모습이
나를 돌아보게 한다
봄비 내리는 공원 벤치에서
자연에 순응하는
한 폭의 수채화를 보며
내 뒷모습 그려본다

해돋이

새벽, 차가운 바닷바람
온몸으로 막으며 기다린 시간
수평선을 뚫고 솟아오르는 태양
저 많은 사람들 무엇을 위해
저리 간절히 기도할까
나도 이 환희의 순간 놓치고
싶지 않아 두 손 모으고 멀리
붉은 바다 오래도록 바라본다
파도는 하얀 거품 몰고 와
내 앞에 잠시 멈췄다 사라지지만
태양은 내일도 힘찬 모습으로
우리 곁에 다시 떠 오르겠지

가족

하루하루 살아가는 힘은
가족이 있기 때문이다
언제든 돌아갈 수 있는 곳이며
희망을 꿈꿀 수 있고
어디든 달려갈 수 있으며
힘들고 어려운 일도 마다하지 않는다

간혹 사랑과 미움으로
티격태격 하기도 하면서
고통과 슬픔도 나누고
무거운 짐도 함께 나눠지며
앞으로 나아가는 것이다

피를 나눈 가족의 경계는
없는 것이며 다 같이 배려와
관심으로 조율하며
우리의 연은 천년 이어주는
마을 앞 섶다리와 같은 것이다

갈대와 억새

해질녘 저 멀리 산등성에
은빛 물결 바람에 일렁이고
끝없이 펼쳐지는 억새의
가녀린 몸짓에 넋을 잃은 하루

그 아래 강가엔 갈색 머리
풀어 헤치고 춤추는 갈대
금빛 갈대와 은빛 억새는 어쩌면
황혼의 길벗 아니었을까

자연의 신비스런 섭리
단 하루라도 억새와 갈대처럼
바람에 흔들리며 간혹
비틀거리기라도 하면서
그렇게 가을을 느끼고 싶다

가을향기 솔바람 타고

뜰 안에 풀꽃 향기
먼 옛날 고향에 숨겨둔
그리움 같은 것
숨죽인 쪽빛 하늘
솔바람에 실려
가슴 에이는 추억들
눈가에 머뭅니다
색바랜 기억들 향기 되어
끝없는 떨림으로 다가와
꽃처럼 핍니다
짓무른 한여름 불볕더위
뒤로하고 바람 안고
쉬엄쉬엄 걷다 보니
어느새 가을 모서리에
마중 나온 하얀 달빛
내 발목을 잡습니다

제5부

2022년 가을

화사한 나의 뜨락
소록소록 피는 그리움
종일토록 바람이 창문 두드리며
살며시 내게 말 건넨다

앞만 보고 달려온 시간들
꽃들은 우르르 다가와 내게
무엇을 위해 살았느냐고
귓속말로 물어 온다

내 눈에 들어온 단풍처럼
빨갛게 익어가듯
세상 모든 것은 느낌표와 물음표
번갈아 가며 마음 안에 담고 산다

문득문득 생각나는 추억 더듬으며
내가 가진 삶의 씨앗 뿌려
부족한 내 작은 글 밭에
시 창작이라는 열망을 채워 본다

지리산 천은사에서

도시의 하루
토해내는 먹구름
당신 계신 그곳 어둠이 내렸나요
내가 있는 이곳
와이러니 숲속 바람 벗 삼아
혼자 걷는 걸음걸음
너무 호젓해 당신을 부릅니다
들길 숲길 들꽃들 도란도란
새들의 재잘거림
뭉게구름 속 당신을 보면서
내 손에 쥔 모든 것
내 것이 아니란 걸 깨닫습니다
하루의 질서 속에 구속은 아무 의미 없고
나은 삶 함께하면서
하느님의 초대받는 그날까지 함께 해요
언제나 내 삶의 전부 주고픈 당신
모든 것이 멈춰지는 그 순간까지
나는 행복했다고 말하고 싶습니다
달빛이 내 안에 슬며시 들어오는 밤

나는 살포시 하루의 일정 내려놓고
조용히 잠을 청합니다
우리가 함께했던 56여 년
고맙고 미안해요
여태 한 번도 해보지 못한 그 말
이제야 해 봅니다
여보, 사랑합니다

2023년 5월 21일
    지리산 천은사에서 당신의 아내

당신과 함께한다면

뽀얀 안개 걷히고
봄 햇살 한 움큼
풋내나는 감미로운 향기 안고
그렇게 가렵니다
당신과 함께한다면

산목련 향기 쫓아가다
여름 소낙비 만나
파란 하늘에 펼쳐진 무지개 되어
그렇게 가렵니다
당신과 함께한다면

아름다운 색실로 수놓은 낙엽들이
가을의 색동 카펫 위에
뒹구는 모습으로
그렇게 가렵니다
당신과 함께한다면

하얀 눈밭 속에서도

노을을 닮은 백발까지도 사랑한
고마움 가득 실은 메아리 되어
그렇게 가렵니다
당신과 함께한다면

문득
안아보고 싶어지는 오늘
안겨보고 싶은 그 마음으로
그렇게 가렵니다
당신과 함께한다면

아침 창가에 찬 바람 불면

잠 없는 새들의 웃음소리
졸졸졸 시냇물 소리 꽃내음과
풀향기 이 모든 것들에 취해
세월 가는 줄 모르고 살다
어느새 은빛 머리 반짝이는
내 모습에 놀란다

오늘따라 유난히 밝은 달
보름달 속에 겹쳐 보이는
어릴 적 초가지붕 위 하얀 박꽃
끝순이 영이 말진이 생각에
눈가에 아련히 피어나는 이슬

아침 창가에 찬바람 불면
가끔 풍겨오는 옛 향기에 취해
커튼 열어젖히면 유난히 보고 싶은
누군가의 안부가 궁금해진다
오늘이 바로 그런 날이다

가을 캠퍼스

가을 냄새 짙은 캠퍼스
노란 은행잎 바람에 날리고
발밑에 바스락거리는 소리
마치 가을 앓이 하는
내 신음소리 같다
빨강 단풍나무 아래 서니
나비처럼 가볍게 뱅글뱅글
발밑에 떨어지는 단풍잎
꽃향기도 좋지만
마른 나뭇잎에서 풍기는
풋풋한 향은 또 다른 가을 냄새
나도 마른 나뭇잎처럼
오래도록 기억에 남을
그런 향기 간직하고 싶다

가을바람 내 영혼 흔들고

유난히 파란 하늘
빨간 단풍
몽실몽실 양털 구름
가을 향기 내 마음 흔든다

아침저녁 제법 선선해
스치는 공기 벌써
여름 더위 잊게 한다

수채화로 변해 가는
가을 풍경들이 신음으로
다가와 내 영혼 흔들지만
나는 아직 문을 열지 못한다

내 안의 추억

지난날 기억들
희로애락으로 구분하여
마음속에 숨겨놓고
잊혀지지 않는 영상
가끔 꺼내 보는 것

돌아보면
별것 아닌 추억도
행복했노라 포장하고
언제든 꺼내 보면
동화 속 주인공이 된다

지금 생각하니
추억은 현재의 디딤돌이고
미래를 이어주는 가교 역할
바쁜 일상 잠시 내려놓으니
마음은 벌써 하늘을 난다

비우는 것도 연습이 필요해

바람에 일렁이는 물결 위로
원앙 한 쌍 소곤대며 노닐고
호수를 감싸 안은 수초들
색색이 내 마음 흔든다

고요를 가늘게 흔드는 실바람
마음의 주름 펼 수 없듯이
천년을 살 것 같은 욕심도
하나씩 내려놓아야 한다

떨어지는 나뭇잎도 결국
땅에 밑거름이 되듯
세상사 칠정 오욕 다 내려놓고
멍하게 마음 비우며 살고 싶다

그리움 그림자 되어

흐르는 시간 속에 모두
담아 두었던 그림자 하나
내 뒤를 따르는 그 향기

돌아보는 시간만큼
추억이 찾아와 바람처럼
들어왔다 나간다

추억의 창가 잊지 못해
저녁내 서성이던 그리운
그림자 내 곁을 떠나지 못한다

나의 빈 뜨락

잠시 외출했던 나의 뜨락엔
봄 소리 가득하다
노란 튀밥처럼 타닥타닥 맺힌 꽃망울

눈발 날리는 추위에도
세찬 바람 다 이겨내고
캄캄한 흙 속에 잠자다
웃음소리 가득 안고 다가온다

가는 길 다시 되돌릴 수 없는 게
우리의 삶이거늘
어찌 너는 해마다 싹틔우며
새 생명으로 태어나는지

먼 산 아지랑이 속에 눈부신 햇살
짙어진 삶은 어느새 겨울나기 준비로
빈 뜨락 다듬는 손길 바쁘다

자유인이고 싶어

삶의 흔적들은
내가 만든 것이다
젊은 날 바쁘고
힘들게 살아 보았으니
이제부터는 노년의 숨을
쉬어야 한다 그동안
팍팍하게 빈틈없이
살았으니 앞으로는 길가
벤치에서 커피 한 잔의
여유도 가져 보고 때론
하늘 쳐다보며 헤실헤실
웃어도 보고 이젠
나를 돌아보며 조금은
느린 걸음으로 살고픈
자유인이고 싶다

혼자일 때가 좋다

혼자일 때
비로소 내 안에 들어오는
한없는 즐거움
그리고 새로운 삶의 행복
희열을 경험한다

혼자일 때
나의 미래를 초대해
속 시원하게 터놓으며
내가 가장 중심이 되어
최고의 앉은 자리가 되고
고독한 외로움도
더 따뜻한 친구가 된다

젊어선 내 마음 살필 여유 없었고
다다를 수 없는 미션이 많았으며
불안함이 많았지만

인생의 끝자락에 보이는 것은

삶의 행복이 고파 올 때도
다 수용할 수 있는 마음의 여유
그 속에서 살아갈 수 있는
묵시적 해답을 주기에 고맙다

휴대폰

켜켜이 인연 모아 놓고
내보내지도 못하고
끌어안고 있는 휴대폰

지우라는 법 없지만
또 누군가는 일 년 이 년
잊고 있다 느닷없는 소통

소통에 기한이 있는 것도
아닌데 간혹 기억이 소실되어
한참 더듬거리기도

누군가에게 잊혀지는 것
그것보다는 삭제되지 않고
저장된 인연으로 남고 싶다

3월

양지바른 계곡
얼음장 밑 물고기 노닐고
졸졸 흐르는 물밑엔
자갈 부딪는 소리
멀리 설악산 아직 눈이 쌓여 있다

봄소식 전하는 버들강아지
쑥순 수줍게 고개 내밀고
초록이 움트는 나뭇가지
흙냄새 풀향기가
어릴 적 뛰놀던 그리움 몰고 온다

입가엔 매화꽃 향기
귓가엔 새들의 웃음소리
눈가에 맴도는 아지랑이 몰고
돌아오는 길 끝에서
코끝 스치는 쑥 향기
봄의 향연을 펼치고 있다

물멍

생각 없이 걷는
매지 호수 둘레길
걸려 있는 시화전 감상하며

걷다가 걷다가
난간에 턱 고이고
고요 속 일렁이는 물을 본다

여기저기 찰각거리는 셔터 소리
내겐 의미 없고
물멍에 빠져버린 나는

바람길 따라 걸으며
내 안의 나에게 말을 건넨다
천천히 오늘처럼 살라고

해설

| 해설 |

노년의 깊은 시적 사유와 성찰

– 이종자 시집 《구름은 화가》

허 형 만
(시인·목포대 명예교수)

1.

이종자 시인의 시는 팔순의 나이에 자신이 살아온 한 생애에 대한 기록이다. 그 기록은 특히 삶의 과정마다 보고 듣고 체험한 자연과 자신을 다시금 들여다보고 성찰하면서 사유하는 데 집중되어 있다. 이러한 집중적 사유의 바탕에는 순수하고 맑은 시심과 자연 친화력이 깔려 있다. 그러기에 이종자의 시는 읽기 쉽고 이해하기도 쉽다. 그 이유는 시란 형이상학이 아님을 몸소 체득하였기 때문으로 보인다. 한 시대의 정신사를 완성한 프랑스 신비평계의 거장 마르셀 레몽이 말했다. "시는 형이상학이 아니다. 시는 무엇보다 먼저 도래다. 시는 이 세상의 청춘이기 때문에 나무, 새, 구름, 별처럼 이 세상의 가장 해묵은 현실을 노래한다. 시는 어떤 본능의 자연스러운 연장이다."라고.

무심히 쳐다본 하늘
바람이 비를 몰아낸 자리엔
많은 사연 하얗게 피어오른다

가끔 어둡고 슬픈 마음도,
물고기 토끼 들꽃 산과 바다도
구름은 사계절 쉬지 않고 그린다

비록 향기는 없을지라도
바람의 이야기를 놓치지 않고
무한 화폭에 그렸다 지우기를 반복한다

지난 내 삶의 무게가 어쩌면
텅 빈 하늘에 그려진
저 구름을 닮아 있는 것은 아닐지

오늘도 빈 마음 채우는

구름은 나의 꽃

나도 구름의 꽃이 될 수 있을까

— 〈구름은 화가〉 전문

  이 시집의 표제 시로 맨 첫 번째 올려져 있는 서시 격인 시다. 그만큼 시인 사유의 깊이를 보여준다. 시인은 "바람이 비를 몰아낸" 뒤, 곧 비가 그친 뒤, 무심히 하늘을 쳐다보았더니 "많은 사연 하얗게 피어오르"는 것을 본다. 맑은 하늘로 피어오르는 구름은 시인과 세계가 맺는 새로운 관계이다. 구름은 그 가벼움으로 인해 자유로움을, 한편으로는 쉬 사라지는 모습으로 인해 허망함, 덧없음을 상징한다. 또한 바슐라르는 구름을 상징적 전언자로 인식한다. 장자는 구름을 낳음과 죽음, 곧 생멸을 상징하는 것으로 보았다.

  이종자 시인의 구름은 이 모든 상징성을 시각적으로 드러내 보여주는 "화가"로 인식함으로써 화가의 붓질이라는 예술성을 강조한다. 구름이라는 화가가 우주라는 "무한 화폭에" "사계절 쉬지 않고" 그렸다 지우기를 반복함으로써 시인이 느끼는 경이감을 조용하게 드러내 보이면서 동시에 "지난 내 삶의 무게"를 생각한다. 일반적으로 하늘의 구름을 보고 자신의 삶의 무게를 생각하는 사람은 과연 얼마나 될까? 또한 구름이 시인의 "빈 마음 채우는 꽃"이라고 했을 때 "나도 구름의 꽃이 될 수 있을까?" 한 번쯤 생각해본 사람이 얼마나 있을까? 어찌 보면 현대시에서 상상력과 이미지와 표현력을 문제 삼을 사람도 있겠지만, 시인의 연령과 시심에 따라 차이가 있음을 고려해야 할 줄 안다.

이종자 시인은 "숨이 차도록 달려온 시간/세월은 내게 쉬어 가라는 말 없고/긴 밤 힘없이 풀리는 눈꺼풀/뒤척이다 돌아보는 나의 뒤안길/보물인 양 쌓아 올린/구십으로 가는"(《세월을 먹고 산다는 것은》) 나이, "짧고 짧은 날숨 스친 자리/여든 중반 인생"(《비우려는 마음》)에 자리하고 있다.

    바람 소리 등 시린 밤
    잠은 오지 않고
    하루를 정리하는 것마저
    연습이 필요한 시간
    마지막 달력 한 장
    다시는 후회하는 삶 살지 말자
    되뇌며 헛웃음 날려본다

    살아가는 모습 서로 달라도
    사는 건 다 비슷비슷
    버릴 땐 버릴 줄 알고

내려놓을 땐 내려놓을 줄

알면 되는 것을

평범한 일상 옳고 그름을 따져

무얼 얻을까

둥글게 떠 있는 그리운 얼굴들

새해에는 환한 미소로

그들과 더불어 맞이했으면

          ─ 〈남은 생을 위해〉 전문

 이종자 시인은 지금 한 해의 마지막 한 장 남은 달력 앞에서 자신을 돌아본다. 시간은 겨울 "바람 소리 등 시린 밤", "하루를 정리하는 것마저/연습이 필요한 시간"이다. 이 시간에 시인은 "다시는 후회하는 삶 살지 말자"라고 다짐한다. 후회하는 삶이란 구체적으로 무엇인가? 그것은 간단하다. 살아온 시간들에서 "버릴 땐 버릴 줄 알고/내려놓을 땐 내려놓을 줄" 알았어야 했다는 것이다. 왜냐하면 "살아가는 모습 서로 달라도/사는 건 다 비슷비슷하고" "평범한 이상 옳고 그름을 따져" 얻을 것이 없음을 깨달았기 때문이다. 시인의 의식이 자신의 살아왔던 삶을 성찰하는 순간이다. 다시 말해 자신의 내부에서 일어나고 있는 삶의 가치를 찾고 있다는 의미다.

이러한 성찰은 "짧고 짧은 날숨 스친 자리/여든 중반 인생에 욕심 한 보따리"(《비우려는 마음》)에 대한 후회이며, "숨이 차도록 달려온 시간/뒤척이다 돌아보는 나의 뒤안길에/목젖 깊은 곳에서 울컥해오는 서러움"(《세월을 먹고 산다는 것은》)이다. 또한 "다짐하고 또 다짐하지만/환해질수록 짙게/깔리는 두려움"(《두려움》)이고, "백세 시대에 사는 나/어떤 발자취를 남겨야 할까"(《발자취》)에 대한 고뇌이다. 그러기에 팔십 중반의 시인 스스로가 한 생을 살아오면서 얻은 깨달음은 "천 년을 살 것 같은 욕심도/하나씩 내려놓아야" 하고, "세상사 칠정 오욕 다 내려놓고/멍하게 마음 비우며 살고 싶"(《비우는 것도 연습이 필요해》)고, "앞으로는 길가/벤치에서 커피 한 잔의/여유도 가져 보고 때론/하늘 쳐다보며 헤실헤실/웃어도 보고 이젠/나를 돌아보며 조금은/느린 걸음으로 살고픈/ 자유인이고 싶"(《자유인이고 싶다》)은 것이다.

2.

이종자 시인의 시적 사유는 대부분 현재의 나이 속에서 이루어진다. 실제로 나이를 정확히 밝히진 않았지만 "노년의 숨", "백세 시대에 사는 나", "나이는 자꾸 자라 구십으로 가는데", "여든 중반 인생" 등의 표현에서 나이 듦을 추론할 수 있다. "

세월 가는 줄 모르고 살다/어느새 은빛 머리 반짝이는/내 모습에"(〈아침 창가에 찬 바람 불면〉) 놀라고, "내 현주소는 어디쯤 와 있는지/자신을 돌아본 하루 마음이"(〈주간 보호소〉) 무거운 나이다. 그런 의미에서 아래 작품은 참으로 감동적인 작품이다.

  혼자일 때
  비로소 내 안에 들어오는
  한없는 즐거움
  그리고 새로운 삶의 행복
  희열을 경험한다

  혼자일 때
  나의 미래를 초대해
  속 시원하게 터놓으며
  내가 가장 중심이 되어
  최고의 앉은 자리가 되고
  고독한 외로움도
  더 따뜻한 친구가 된다

  젊어선 내 마음 살필 여유 없었고

다다를 수 없는 미션이 많았으며

불안함이 많았지만

인생의 끝자락에 보이는 것은

삶의 행복이 고파 올 때도

다 수용할 수 있는 마음의 여유

그 속에서 살아갈 수 있는

묵시적 해답을 주기에 고맙다

— 〈혼자일 때가 좋다〉 전문

  캐슬린 다울링 싱은 《나이 듦의 은총》에서 "자신의 체험을 이야기하고, 상처를 치유하며, 그 체험을 떠나보내는 과정이 아름다운 시너지를 통해 함께 이루어진다면 그 체험을 한 사람은 해방된다."라고 말했다. 프랭크 커닝햄은 《나이 듦의 품격》에서 "나이가 든다는 것은 살아온 기억들을 되돌아보고, 그것의 의미를 찾는 것이요, 그 기억들을 그대로 받아들이고 기억에 예를 갖추는 것입니다"라고 말했다. 여기 두 사람 다 노년기를 바라보는 안목이 매우 긍정적이다.

  이종자 시인은 나이 들어 혼자일 때가 좋은 이유를 크게 두 가지로 살핀다. 먼저, "비로소 내 안에 들어오는/한없는 즐거움/그리고 새로운 삶의 행복/희열을 경험한다"는 것이고, 다음으로는 "나의 미래를 초대해/속 시원하게 터놓으며/내가 가장 중심이 되어/최고의 앉은 자리가 되고/고독한 외로움도/더 따뜻한 친구가 된다"는 것이다. 이는 위의 캐슬린 다울링 싱과 프랭크 커닝햄처럼 나이 듦에 대한 긍정적인 자세와 상통한다. "지금은 누군가의 따뜻한/위로의 말이 절실히 필요한 나이"(《두려움》)이긴 하지만 그렇다고 한사코 나이 듦에 대한 후회나 탄식이 아니다. "삶의 행복이 고파 올 때도/다 수용할 수 있는 마음의 여유"에 대한 기쁨이며 거룩함이다.

노년이 되면 몸은 쇠약해져 몸이 말을 듣지 않지만, 마음만은 항상 청춘이다. 이 노년의 어느 가을비 오는 날, "가을비에 촉촉해진/내 마음 아직 청춘인데/몸은 말을 듣지 않고//바람에 떨어진/은행알 또르르 구르며/남은 시간 웃고 살라"(《바람이 전하는 말》)는 바람의 말을 듣는다. 그런가 하면 "나도 한 번쯤/꽃을 닮아 보았으면"(《노란 국화》) 하고 생각하는 시인이 세찬 바람에도 "아름다움을 잃지 않는/꽃을 보며 우리 인생처럼 인고의 순간이/있다는 것을 비로소"(《손님》) 깨달을 수 있음은 노년에 혼자 조용히 있음에서 얻어진 사유의 깊이이다.

지난날 기억들

희로애락으로 구분하여

마음속에 숨겨놓고

잊혀지지 않는 영상

가끔 꺼내 보는 것

돌아보면

별것 아닌 추억도

행복했노라 포장하고

언제든 꺼내 보면

동화 속 주인공이 된다

지금 생각하니

추억은 현재의 디딤돌이고

미래를 이어주는 가교 역할

바쁜 일상 잠시 내려놓으니

마음은 벌써 하늘을 난다

― 〈내 안의 추억〉 전문

 노년기에는 추억을 먹고 산다는 말이 있다. 쇠렌 키르케코르는 "인생은 앞을 내다보며 살아야 하지만 그것을 이해하려면 뒤를 돌아보아야 한다"라고 말했다. 기억이란 무엇인가? 그것은 지나온 삶 속에서 만난 사람과 사건, 경험의 기록물이다. 그래서 프랭크 커닝햄은 "나이가 든다는 것은 살아온 기억들을 있는 그대로 받아들이고 기억에 예를 갖추는 것"이라고 말한다. 이 말은 곧 기억이 단순한 역사적 궤적을 떠올리는 것에 머무르는 수준이 아니라는 뜻이다. 다시 말해 신학자 레너드 바일러스가 "자아가 성취해 낼 수 있는 최고의 것은 우리의 실존을 이루는 사건들과 꿈, 관계들의 연관성을 꿰뚫어 보는 통찰력을 얻는 것"이라는 말과 같은 의미이다. 그래서 아프리카에서 노인의 죽음을 슬퍼하는 이유는 노인은 많은 경험을 쌓았기 때문에 부족의 나머지 구성원들에게 도움을 줄 수 있다고 믿기 때문이다.

이런 점에서 이종자 시인의 추억에 관한 시가 많은 이유도 충분히 공감이 간다. "돌아보면/별것 아닌 추억도/행복했노라 포장하고/언제든 꺼내 보면/동화 속 주인공"이 된다는 순수함을 본다. 특히 "추억은 현재의 디딤돌이고/미래를 이어주는 가교"라는 통찰력에 놀라지 않을 수 없다. 그렇다. 이종자 시인에게는 뜰 안에 풀꽃 향기도 "먼 옛날 고향에 숨겨둔/그리움 같은 것"(〈가을 향기 솔바람 타고〉)이다. 그렇다. 추억은 결국 그리움이다.

    따스한 봄바람
    겹겹이 쌓인 그리움
    파란 잎새의 속삭임이

내 마음 예쁜 꽃물로 물들인다

　　파란 하늘 햇살 받으며
　　오롯이 나를 위해
　　보낸 하루가 지난날 숨겨둔
　　그리움으로 오히려
　　갈증으로 목이 탄다

　　쓸쓸한 달빛
　　봄꽃 머문 자리에 내려앉고
　　나는 한 마리 나비 되어
　　자유롭게 날아다니는
　　춤꾼이 되고 싶다

　　　　　　　　　　　　　　― 〈봄〉 전문

　이종자 시인에게 기억과 추억은 그리움으로 변화된다. "파란 하늘 햇살 받으며/오롯이 나를 위해/보낸 하루가 지난날 숨겨둔/그리움"이 된다. 이 그리움은 물론 "따스한 봄바람/겹겹이 쌓인 그리움"이다. 그러기에 "아름다운 추억 곱게 접어/그리움으로"(《추억의 그림자》) 남기고, "시간은 무겁게 내려앉아/밤을 불러내고/얼키설키 보낸 하루의 기억을 뒤돌아보니//하나

둘씩 떨어지는 별똥별/지난날 그리움의 눈물/ 어쩌면 저 모습이 내 모습"(〈노을〉)일 거라고 생각한다. 또한 휘날리는 갈대를 보며 흔들리는 너의 삶이 나와 닮아 있는 것 같다는 동화의식으로 "하늘거리는 몸짓에/설레는 것은/그동안 잊고 살았던/그리움의 세포가 살아난 것"(〈갈대〉)임을 깨닫는다.

　이종자 시인은 돌아오지 않는 그리움으로 지난 긴 밤 홀로 지새웠지만 "아침햇살 밝게 웃으며/창문 틈으로 들어오고/오늘보다 더 좋은 내일 위해/이제는 스스로 도닥이며/나를 아끼며 살고 싶"(〈하루의 일상〉)어 한다. 이는 기억, 추억에만 젖어 있지 않고 새로운 희망으로 나아가는 심리적 변화를 보인다. 삶이란 비록 희망이 없어도 희망하며 사노라면 새로운 희망의 강이 보인다. 그 강은 행복에 다름 아니다. 아침을 여는 커피 한 잔에도 행복을 담아 두고 싶은 시인의 마음은 창밖 감나무에 새들 찾아와 인사하는 것도 행복이라 "욕심 없이 가장 낮은 곳에/마음 둘 때 곁에 머물러주는/어쩌면 훗날 뒤돌아봤을 때/이 소소한 것이/최고의 행복이었다"(〈커피 한 잔〉) 하리라 한다. 또한 "세월처럼 익어버린 흔적 위로하며/미소로 행복 가득"(〈세월 속의 삶〉) 담으리라 한다. 그래서일까. "삶의 여유 만끽하며/이제야 소녀처럼/생기 넘치는 시간 갖는"(〈국화차〉) 시인을 그려볼 수 있겠다.

3.

　이종자 시인에게도 자연친화적인 시적 감수성을 보이는 작품들이 있다. 서두에서 소개했던 마르셀 레몽이 시는 형이상학이 아니고 무엇보다 먼저 도래이기 때문에 시는 이 세상의 청춘으로 나무, 새, 구름, 별처럼 이 세상의 가장 해묵은 현실을 노래한다는 말을 다시금 상기해보면, 이종자 시 역시 이러한 시적 인식에서 출발한다.

　　우단 동자꽃 예쁘게 피었다
　　하늘엔 하얀 뭉게구름
　　솜사탕처럼 달콤하다

　　아침햇살에 이슬 머금고
　　짙은 자주색 백합 열 송이
　　말 걸어 온다

　　꽃들도 시샘하는지
　　분홍 달맞이꽃 오늘 밤
　　달님 마중 나갈 준비한다

꽃들도 서로 말을 주고받으며

다투기도 하고

울고 웃기도 하지만

예쁜 모습 눈에 담아본다

이제 나도 나비 되어 춤추고

새들처럼 날아다니며

바람결에 내 마음 맡겨

7월의 무더위 잊고

자유롭게 살고 싶다

― 〈비 그친 뜰〉 전문

    이 시에는 꽃(동자꽃, 백합, 달맞이꽃)과 하늘과 구름 등이 등장한다. 이와 같은 자연은 해묵은 낡은 시적 대상이 아니라 시인의 정신이 청춘임을 상징한다. 이종자 시인의 자연친화적인 시적 감수성은 "우단 동자꽃" 예쁘게 피어 있음을 보고 하늘의 "하얀 뭉게구름"조차 "솜사탕처럼 달콤하다"는 미각적 감각을 온몸으로 맛본다. 시각과 미각을 잘 조화시킨 셈이다. 또한 "아침 햇살에 이슬 머금고" 있는 백합이 시인에게 말을 걸어온다. 자연이 말 걸어오고, 그에 답하는 시인은 남남이 아니다. 물아일체 그대로이다. 자연과 시인이 이미 하나가 된 우주의 생명체로 존재한다. 나아가 시인은 "나비 되 춤추고/새들처럼 날아다니며/바람결에 내 마음 맡겨" 우주적 존재로서의 삶을 살고 싶어 하는 의지를 드러낸다.

이종자 시인은 그렇다고 단순하게 자연만을 찬미하는 것은 아니다. 오히려 자신을 성찰하는 데까지 끌어 올린다. 그 예로 〈꽃비 내리는 날〉에서 "가야 할 때를 안다는 듯/빗물 따라 흘러가는 모습이/나를 돌아보게 한다/봄비 내리는 공원 벤치에서/자연에 순응하는/한 폭의 수채화를 보며/내 뒷모습 그려본다"라고, 자신의 심정을 가식 없이 드러낸다. "꽃비"는 물론 만개한 꽃의 이파리가 비처럼 떨어져 내리는 걸 말한다. 가야 할 때를 안다는 듯 비처럼 떨어져 내리는 광경 앞에 시인이라면 응당 자신의 삶을 되돌아보지 않을까.

양지바른 계곡
얼음장 밑 물고기 노닐고
졸졸 흐르는 물밑엔
자갈 부딪는 소리
멀리 설악산 아직 눈이 쌓여 있다

봄소식 전하는 버들강아지
쑥순 수줍게 고개 내밀고

초록이 움트는 나뭇가지

흙냄새 풀향기가

어릴 적 뛰놀던 그리움 몰고 온다

입가엔 매화꽃 향기

귓가엔 새들의 웃음소리

눈가에 맴도는 아지랑이 몰고

돌아오는 길 끝에서

코끝 스치는 쑥 향기

봄의 향연을 펼치고 있다

― 〈3월〉 전문

  전체 3연으로 이루어진 이 시 한 편 속에는 그야말로 3월이 내포하고 있는 봄과 생명성이 모두 잘 용해되어 녹아있다. 비록 3월이지만 멀리 설악산에는 "아직 눈이 쌓여" 있다. 그렇지만 양지바른 계곡엔 "얼음장 밑 물고기 노닐고/졸졸 흐르는 물밑엔/자갈 부딪는 소리"가 경쾌하다. 지상에서는 버들강아지 피어나고, 쑥 순이 고개를 내밀고, 나뭇가지에는 초록이 움튼다. 또한 흙냄새 풀 향기가 시인의 기억을 자극하여 "어릴 적 뛰놀던 그리움"을 몰고 온다. 그리고 3연에 이르러서는 봄이 펼치는 향연을 보여주는데, 시인과 자연이 하나 되는 자연친화적 물아일체의 향연이다. 즉, "입가엔 매화꽃 향기/귓가엔 새들의 웃음소리/눈가에 맴도는 아지랑이/코끝 스치는 쑥 향기" 등이다.

이종자 시인의 위와 같은 자연친화적 생명사상은 "성큼 다가온 봄이/어느새 내 곁에 앉아"(〈벌써 마실 나왔네〉) 있다라거나, 늦가을 나무가 "밤새 서리 내려 얼까 싶어/비닐로 덮어 준다"(〈늦가을에 피는 꽃〉)는, 이종자 시인만이 갖고 있는 특유한 시적 인식은 자연을 "우리 가족"이라 부르는 것과 같은 맥락이다. 특히 시 〈돌아온 가족〉에서 봄이 되어 돌아온 "우리 가족"은 구체적으로 개나리, 버들강아지, 냉이, 쑥, 패랭이 등을 일컫는데 시인이 아닌 보통 사람들에게는 봄철이면 당연히 보는 것이라고 치부해버리지만, 시인의 눈에는 이 새 생명체들이 모두 경이롭고 감사의 대상이다. 그러기에 "울컥 눈언저리 뜨거"울 수밖에 없다. 그만큼 이종자 시인의 자연에 대한 순수하고 맑은 시심은 깊은 사유의 힘을 보여준다.

계간문예시인선 216
이종자 시집 _ 구름은 화가

초판 인쇄 2025년 3월 20일
초판 발행 2025년 3월 25일

―

지 은 이 이종자
회   장 서정환
발 행 인 정종명
편집주간 차윤옥

―

펴 낸 곳 도서출판 **계간문예**
주   소 03132 서울 종로구 삼일대로 30길 21 종로오피스텔 1209호
전   화 (02) 3675-5633 팩스 (02) 766-4052
이 메 일 munin5633@naver.com
홈페이지 http://cafe.daum.net/quarterly2015
등   록 2005년 3월 9일 제300-2005-34호
연 락 처 03132 서울 종로구 삼일대로 32길 36 운현신화타워 305호
인   쇄 54991 전북 전주시 완산구 공북1길 16, 신아출판사
ISBN 978-89-6554-314-5 04810
ISBN 978-89-6554-118-9 (세트)

―

값 12,000원

―

잘못 만든 책은 바꾸어 드립니다.
저자와 협의하여 인지를 생략합니다.